नये पत्ते

नये पत्ते

सूर्यकान्त त्रिपाठी 'निराला'

वाणी प्रकाशन

प्रकाशन के उत्कृष्टतम 61 वर्ष

सजिल्द पहला संस्करण : 2024

vaniprakashan.com

वाणी प्रकाशन

4695, 21-ए, दरियागंज, नयी दिल्ली-110 002

फ़ोन : +91 11 23273167, 23275710

शाखाएँ

अशोक राजपथ, पटना-800 004, बिहार

कॉफ़ी हाउस कैम्पस, महात्मा गांधी मार्ग, प्रयागराज-211 001, उत्तर प्रदेश

महात्मा गांधी अन्तरराष्ट्रीय हिन्दी विश्वविद्यालय, वर्धा-442 001, महाराष्ट्र

sales@vaniprakashan.in
vaniprakashan@gmail.com

Naye Patte
by Suryakant Tripathi 'Nirala'

ISBN : 978-93-6287-846-5
Poetry Collection

मूल्य : ₹ 495

जी.एस. ऑफ़सेट द्वारा दिल्ली-110 095 में मुद्रित

वाणी प्रकाशन का लोगो मक़बूल फ़िदा हुसेन की कूची से

कृति-कवि-लेखक
श्री गंगा प्रसाद पाण्डेय, एम.ए.
को स्नेह

दो शब्द

पूज्य पिता महाप्राण पं. सूर्यकान्त त्रिपाठी 'निराला' की मृत्यु 15 अक्टूबर, 1961 को एक लम्बी अवधि की अस्वस्थता के साथ हुई। महाप्राण के अवसान का दिवस हिन्दी-संसार के लिए अत्यन्त शोक का दिवस माना गया। महाप्राण का एकमात्र पुत्र होने के कारण मेरे उत्तरदायित्व सहज रूप से बढ़ गये। सबसे बड़ा उत्तरदायित्व यदि था तो यह कि उनकी कृतियों के पुर्नप्रकाशन की व्यवस्था करना। कुछ प्रकाशकों ने उनकी कृतियों के प्रकाशन में जिस दरिद्रता का परिचय प्रस्तुत किया था वह महाप्राण के व्यक्तित्व के अनुरूप नहीं था, इस बात से सम्भवत: मेरे सभी शुभचिन्तकगण सहमत होंगे। अनेक कृतियों के प्रकाशकों ने पुनर्मुद्रण की भी व्यवस्था नहीं की तथा प्रचार-प्रसार के कार्य को भी स्थगित कर रखा। ऐसी परिस्थितियों में यह आवश्यक था कि महाप्राण के देहावसान के पश्चात् मैं इन त्रुटियों को अपनी दृष्टि में रखकर कुछ कार्य करूँ ताकि मेरे दायित्वों के प्रति कोई भी हिन्दी-प्रेमी उंगली न उठा सके।

महाप्राण के देहावसान के एक वर्ष के भीतर हो मेरे निर्देशानुसार उनकी यह कृति सुन्दर सुसज्जित रूप में हिन्दी-संसार के सम्मुख प्रस्तुत हो रही है। ये भली- भाँति इस बात से सुपरिचित हूँ कि अनेक शुभचिन्तक अनेक प्रकार की बात मेरे समक्ष प्रस्तुत करेंगे, मैं उन्हें सुझावों के लिए

आमन्त्रित करता हूँ ताकि मेरा पथ- निर्देश होता रहे।

प्रस्तुत प्रकाशित कृति की आलोचना प्रस्तुत करना मेरा उद्देश्य नहीं है, इतना ही कहना पर्याप्त होगा कि इस कृति को हिन्दी के अध्येताओं ने साहित्य की उपलब्धि माना है। हिन्दी के पाठक, विद्वान जिस प्रकार महाप्राण की कृतियों को जो सहज महत्त्व प्रदान करते रहे उसी प्रकार वे अभी भी सहयोगपूर्ण महत्त्व देते रहेंगे, ऐसी मुझे आशा है। मैं व्यक्तिगत रूप से श्री दिनेशचन्द्र, व्यवस्थापक, लोकभारती प्रकाशन का आभारी हूँ जिनके अथक परिश्रम का ही परिणाम है कि यह पुस्तक सुन्दर रूप में पुर्नप्रकाशित हो सकी।

—रामकृष्ण त्रिपाठी

14 दिसम्बर, 1972
265, बस्की खुर्द
दारागंज, प्रयाग

प्रस्तावना

'नये पत्ते' इधर के पद्यों का संग्रह है। सभी तरह के आधुनिक पद्य हैं, छन्द कई, मात्रिक, सम और असम। हास्य की भी प्रचुरता भाषा अधिकांश में बोलचालवाली। पढ़ने परी काव्य की कुंजों के अलावा ऊँचे-नीचे फारस के जैसे टीले भी। अधिक मनोरंजन और बोधन की निगाह रखी गयी है कि पाठकों का श्रम सार्थक हो और ज्ञान बढ़े। वे अपनी भाषा की रूपरेखाएँ देखें। इति।

प्रयाग
7-3-46

सविनय
'निराला'

क्रम

रानी और कानी 15
खजोहरा 17
मास्को डायेलाग्स 23
आँख आँख का काँटा हो गयी 25
थोड़ों के पेटे में बहुतों को आना पड़ा 27
राजे ने अपनी रखवाली की 29
खुश-खबरी 30
दग़ा की 31
चर्खा चला 33
पाँचक 35
तारे गिनते रहे 36
खेल 38
गर्म पकौड़ी 40
प्रेम-संगीत 41
स्फटिक-शिला 42
कुत्ता भौंकने लगा 52
झींगुर डटकर बोला 54
देवी सरस्वती 56
तिलांजलि 68
युगावतार परमहंस श्रीरामकृष्णदेव के प्रति 72
चौथी जुलाई के प्रति 74
काली माता 76
छलाँग मारता चला गया 78

डिप्टी साहब आये 80
वर्षा 82
कैलाश में शरत् 84
खून की होली जो खेली 89
महगू महँगा रहा 91

नये पत्ते

रानी और कानी

माँ उसको कहती है रानी
आदर से, जैसा है नाम;
लेकिन उसका उल्टा रूप,
चेचक के दाग़, काली, नक-चिप्टी,
गंजा-सर, एक आँख कानी।

रानी अब हो गयी सयानी,
बीनती है, काँड़ती है, कूटती है, पीसती है,
डलियों के सीले अपने रूखे हाथों मीसती है,
घर बुहारती है, करकट फेंकती है,

और घड़ों भरती है पानी;
फिर भी माँ का दिल बैठा रहा,
एक चोर घर में पैठा रहा,
सोचती रहती है दिन-रात
कानी की शादी की बात,
मन मसोसकर वह रहती है
जब पड़ोस की कोई कहती है—

"औरत की ज़ात रानी,
ब्याह भला कैसे हो
कानी जो है वह!"
सुनकर कानी का दिल हिल गया,

काँपे कुल अंग,
दायीं आँख से
आँसू भी बह चले माँ के दुख से,
लेकिन वह बायीं आँख कानी
ज्यों-की-त्यों रह गयी रखती निगरानी।

खजोहरा

दौड़ते हैं बादल ये काले काले,
हाईकोर्ट के बकले मतवाले।

जहाँ चाहिए वहाँ नहीं बरसे,
धान सूखे देखकर नहीं तरसे।

जहाँ पानी भरा वहाँ छूट पड़े,
क़हक़हे लगाते हुए टूट पड़े।

फिर भी यह बस्ती है मोद पर
नातिन जैसे नानी की गोद पर;

नाम है हिलगी, बनी है भूचुम्बी
जैसी लौकी की लम्बी तुम्बी।

कच्चे घर ऊबड़खाबड़, गन्दे
गलियारे, बन्द पड़े कुल धन्धे।

लोग बैठे लेते हैं जमहाई,
ठण्डी-ठण्डी चलती है पुरवाई।

ख़रीफ निराई जा चुकी है, नहीं
करने को रहा कोई काम कहीं।

बारिश से बढ़ी ज्वार, बाजरा, उर्द,
गाँव हरे-भरे कुल, कलाँ और ख़ुर्द।

लोग रोज़ रात को आल्हा गाते
ढोलक पर, अपना जी बहलाते।

झूला झूलती गाती हैं सावन
औरतें, "नहीं आये मनभावन!"

लड़के पैंगे मारते हैं बढ़-बढ़कर
गूँज रहा है भरा हुआ अम्बर।

सावन में भतीजा होने को हुआ
पहले से बुला लायी गयीं बुआ।

नैहर में घूँघट के उठने से
बुआजी की जान बची छुटने से।

ब्याह के पहले के प्यारे-प्यारे
गाँव के नज़्ज़ारे जग गये सारे।

याद आयीं सहेलियाँ, साथी, कुल;
तरह-तरह की हुईं रंगरेलियाँ कुल।

मुन्नी-मुन्ने जितने हैं चुन्नी-चुन्ने,
आँखों पर फिरते हैं सभी टुन्नी-टुन्ने।

कोई नहीं, लड़कियाँ गयीं ससुराल,
लड़के गये बढ़कर परदेस, यह हाल।

मगर दिल बहलाने के लिए फिलहाल
बुआ नहाने चलीं वह बाग़ का ताल।

पिछला पहर दिन का, पीली पड़ी धूप;
सारे गाँव का हुआ सुनहला रूप।

सब्ज़े-सब्ज़े पर सोने का पानी चढ़ा,
हुस्न और जमाल जैसे और बढ़ा।

गाँव के किनारे निकल आयीं बुआ,
बँधी जगतवाला दायें मिला कुआँ।

नीम से लगा कच्चा चबूतरा
टिन्ना बैठा काट रहा था दोहरा।

देखकर बुआ को मुस्कराया, पूछा—
"अकेली-अकेली कहाँ चलीं बुआ?"

ग़ुस्सा आया, बुआ काँपने लगीं,
गालियों से गला नापने लगीं।

आगे बढ़ीं, चढ़े आबरू ख़मदार,
स्वाभिमान से पड़े पहलू दमदार।

बायीं बग़ल कुछ आगे बढ़ीं कि पड़ी
गाँव के किनारे की बड़ी गड़ही।

भरी हुई किनारे तक, उमड़ चली,
बहती हुई गाँव के नाले से मिली।

मेढक एक बोलता है जैसे सुकरात,
दूसरा फ़लातूँ सुन रहा है बात।

तेज़ हवा से पछाँह को झुके
ज्वार के पौधे सिपाही जैसे दिखे।

बनबिलाव मार्लबरौ जैसा अड़ा
घोंसले के पास गूलर पर चढ़ा।

इसी वक़्त बिल से लोमड़ी निकली,
इधर-उधर देखती आगे बढ़ी।

भुजैल एक बोलती है 'पण्डित जी'
मेड़ के किनारे चुगती है पिड़की।

सतभैये एक पेड़ के नीचे
दूसरी पार्टी से लड़ाते हैं पंजे।

एक डाल पर बैठी हुई रुकमिन
बुआ की याद आये पी से मिलने के दिन।

एक पेड़ पर बये की झोंझें दिखीं
अलग-अलग झूले जैसी कितनी लटकीं।

एक तरफ़ भगा हुआ मोर गया,
झाड़ी से चौगड़ा कूदता निकला।

दूर चला जाता है हिरनों का झुण्ड,
भैंसों के लेवारेवाला मिला कुण्ड।

दौड़कर बबूल पर चढ़ा गिरदान,
देखा बुआ ने भवों की तिरछी बान।

चौतरफ़ा आम के पेड़ों से घिरा,
बुआ को नहानेवाला ताल मिला।

कितना पुराना, किसका खोदाया हुआ,
गाँव के किसी को यह मालूम न था।

बाँध ताल के, बारिश से छटकर,
ढाल में अब बदल गए थे कटकर।

मिट्टी भर जाने से ताल उथला था,
डूबने से लोगों को बचाता रहा।

किनारे-किनारे लगे आम के पेड़,
दूर से उठायी ऊँची-ऊँची मेड़।

मिट्टी के सबब दूध ऐसा था पानी
ख़ुश होकर बुआ ने नहाने की ठानी।

उतरीं जैसे ठाकुर की विजयिनी हों,
जिसके दिल में नहीं आज-कल-परसों;

एक प्रेम हो एड़ी से चोटी तक,
जिसको चाहती हैं दुबली से मोटी तक।

बुआ ताल में पैठीं जैसे हथनी,
डर के मारे काँपने लगा पानी;

लहरें भगीं चढ़ने को किनारे पर,
बाँधा पानी बुआ ने बाँहों से भरकर।

नींव के खम्भे हों, पैर कीच में हैं;
जाँघ से छाती तक अंग बीच में हैं।

सोचा, कभी नहाती थीं दिन-दिन भर,
लड़कियों को गाड़ती थीं गिन-गिनकर।

विजय का मद आया कि देखे भुजदण्ड,
पहले से और चढ़े हुए, और प्रचण्ड।

साँस ली बुआ ने, तेज़ चली हवा,
झोंका पुरवाई का एक आ लगा।

बुआ के ऊपर की आम की जो डाल
झोंके से पुरवाई के हिली तत्काल।

छाया माँगने को मदन जैसा बैठा
डाल पर बड़ा-सा खजोहरा था;

रोयाँ हर एक उसका तीर फूल का था
सुन्दरी की ओर को तना हुआ।

बुआ के कन्धे पर टूटकर आया,
चाँटे के पड़ते ही पिलौधा हुआ;

रोएँ आये कन्धों, हथेलियों पर,
बाँहों पर, पानी पर, बहेलियों पर।

जहाँ-जहाँ गड़े, ज़ोर की खुजली
उठी, बुआ ताल के बाहर निकलीं।

निकलते, कुल अंगों में पानी के साथ
फैली, खुजलाने लगीं वे दोनों हाथ।

एक छन में जलन सौगुनी बढ़ी,
बुआ जैसे अंगारों पर हों खड़ी;

धोती बदलनी थी, पर न बदल सकीं,
मात नील गाय को करती वे भगीं।

अँधेरा हो आया था, इतनी भलाई,
कोई उनकी न देख पाया भगाई।

चौकड़ी उठाती गाँव को आयीं,
दरवाज़े 'अम्मा' की आवाज़ें लगायीं।

अम्मा ने जल्द आकर दरवाज़ा खोला,
पूछा, "अरी बिट्टो, तुमको क्या हुआ?"

बुआ ने कहा, "मुआ खजोहरा,
नहाते-नहाते मुझको लग गया।"

घी ले आयीं अम्मा, पूछा, "कहाँ लगे?"
बुआ ने कहा कि नहीं बची जगह।

मास्को डायेलाग्स

मेरे नये मित्र हैं श्रीयुत गिडवानीजी,
बहुत बड़े सोश्यलिस्ट,
'मास्को डायेलाग्स' लेकर आये हैं मिलने।
मुस्कराकर कहा, "यह मास्को डायेलाग्स है,
सुभाष बाबू ने इसे जेल में मँगाया था।
भेंट किया था मुझको जब थे पहाड़ पर।
35 तक, मुश्किल से पिछड़े इस मुल्क में
दो प्रतियाँ आयी थीं।"
फिर कहा, "वक्त नहीं मिलता है,
बड़े भाई साहब का बँगला बन रहा है,
देखभाल करता हूँ।"
फिर कहा, "मेरे समाज में बड़े-बड़े आदमी हैं,
एक-से हैं एक मूर्ख;
उनको फँसाना है,
ऐसे कोई साला एक धेला नहीं देने का।
उपन्यास लिखा है,
ज़रा देख दीजिए।

अगर कहीं छप जाय
तो प्रभाव पड़ जाय उल्लू के पट्ठों पर;
मनमाना रुपया फिर ले लूँ इन लोगों से;
नये किसी बँगले में एक प्रेस खोल दूँ;
आप भी वहाँ चलें,
चैन की बंसी बजे।"
देखा उपन्यास मैंने,
श्रीगणेश में मिला—
"पृय असनेहमयी स्यामा मुझे प्रैम है।"
इसको फिर रख दिया, देखा 'मास्को डायेलाग्स',
देखा गिडवानी को।

आँख आँख का काँटा हो गयी

मुहोमुह रहे
एक पेड़ पर दो डालों के काँटे जैसे
अपनी-अपनी कली तोलते हुए
हर्फ़ न आया;
हवा, पानी और रोशनी के लिए पहले हुए;
साथियों को हाथ मारा;
रस खींचा।
सर उठाये बढ़े चले।
हवा में गिरह लगायी,
बहुत झेला; बहुत झूमे।
एक तने से कटे,
एक डाल से छँटे।
पत्तियों की हथेलियाँ हिलायीं,
राहियों को बुलाया,
छाँह में बैठालकर तंग नसें ढीली कीं;
फिर बुखार उतारा;

राही जगा,
अपना रास्ता लिया।
गुल खिला
आँख आँख का काँटा हो गयी।

थोड़ों के पेटे में बहुतों को आना पड़ा

ढूहों और गुफाओं और पत्थरों के घरों से
आजकल के शहरों तक, दुनियाँ ने चोली बदली।
बिजली और तार और भाप और वायुयान
उसके वाहन हुए।
जान खींची खानों से
कल और कारख़ानों से।
रामराज के पहले के दिन आये।
बानिज के राज ने लछमी को हर लिया।
टापू में ले चलकर रखा और क़ैद किया।
एक का डंका बजा,
बहुतों की आँख झपी।
लहलही धरती पर रेगिस्तान जैसा तपा।
जोत में जल छिपा,
धोखा छिपा, छल छिपा।
बदले दिमाग़ बढ़े,
ग़ोल बाँधे, घेरे डाले,

अपना मतलब गाँठा,
फिर आँखें फेर लीं।
जाल भी ऐसा चला।
कि थोड़ों के पेटे में बहुतों को आना पड़ा।

राजे ने अपनी रखवाली की

राजे ने अपनी रखवाली की;
क़िला बनाकर रहा;
बड़ी-बड़ी फ़ौजें रखीं।
चापलूस कितने सामन्त आये।
मतलब की लकड़ी पकड़े हुए।
कितने ब्राह्मण आये
पोथियों में जनता को बाँधे हुए।
कवियों ने उसकी बहादुरी के गीत गाये,
लेखकों ने लेख लिखे,
ऐतिहासिकों ने इतिहासों के पन्ने भरे,
नाट्यकलाकारों ने कितने नाटक रचे,
रंगमञ्च पर खेले।
जनता पर जादू चला राजे के समाज का।
लोक-नारियों के लिए रानियाँ आदर्श हुईं।
धर्म का बढ़ावा रहा धोखे से भरा हुआ।
लोहा बजा धर्म पर, सभ्यता के नाम पर।
ख़ून की नदी बही।
आँख-कान मूँदकर जनता ने डुबकियाँ लीं।
आँख खुली-राजे ने अपनी रखवाली की।

खुश-खबरी

तबला दोनों हाथ आया हथियार,
दरबारी वीर-राग छाया रहा।
सुब्होशाम किरन जैसे तार पर
जीवन-संग्राम हमारा छिड़ा।
सत्य सिनेमा की नटी से नाचा,
पूरब का पाया हिला पश्चिम से,
दुश्मन की जान आयी आफ़त में,
गली-गली गले के गोले दगे।
क़ैद पासपोर्ट की नहीं तो कभी
देश आधा खाली हो गया होता;
देविकारानी और उदयशंकर के
पीछे लगे लोग चले गये होते।

दग़ा की

चेहरा पीला पड़ा।
रीढ़ झुकी। हाथ जोड़े।
आँख का अँधेरा बढ़ा।
सैकड़ों सदियाँ गुज़रीं।
बड़े-बड़े ऋषि आये, मुनि आये, कवि आये,
तरह-तरह की वाणी जनता को दे गये।
    किसी ने कहा कि एक तीन हैं,
    किसी ने कहा कि तीन तीन हैं।
    किसी ने नसें टोईं, किसी ने कमल देखे।
    किसी ने विहार किया, किसी ने अँगूठे चूमे।
    लोगों ने कहा कि धन्य हो गये।
मगर खंजड़ी न गयी।
मृदंग तबला हुआ,
वीणा सुर-बहार हुई।
आज पियानो के गीत सुनते हैं।
पौ फटी।

किरनों का जाल फैला।
दिशाओं के होंठ रँगे
दिन में, वेश्याएँ जैसे रात में।
दग़ा की इस सभ्यता ने दग़ा की।

चर्खा चला

वेदों का चर्ख़ा चला,
सदियाँ गुज़रीं।
लोग-बाग़ बसने लगे,
फिर भी चलते रहे।
गुफ़ाओं से घर उठाये।
ऊँचे से नीचे उतरे।
भेड़ों से गायें रखीं।
जंगल से बाग़ और उपवन तैयार किये।
खुली ज़बाँ बँधने लगी।
वैदिक से सँवर-दी भाषा संस्कृत हुई।
नियम बने, शुद्ध रूप लाये गये,
अथवा जंगली सभ्य हुए वेशवास से।
कड़े कोस ऐसे कटे।
खोज हुई, सुख के साधन बढ़े—
जैसे उबटन से साबुन।

वेदों के बाद जाति चार भागों में बँटी,
यही रामराज है।
वाल्मीकि ने पहले वेदों की लीक छोड़ी
छन्दों में गीत रचे, मन्त्रों को छोड़कर,
मानव को मान दिया,
धरती की प्यारी लड़की सीता के गाने गाये।
कली ज्योति में खिली
मिट्टी से चढ़ती हुई।
'वर्जिन स्वैल', 'गूड अर्थ', अब के परिणाम हैं।
कृष्ण ने भी ज़मीं पकड़ी,
इन्द्र की पूजा की जगह
गोवर्धन को पुजाया;
मानवों को, गायों और बैलों को मान दिया।

हल को बलदेव ने हथियार बनाया,
कन्धे पर डाले फिरे।
खेती हरी-भरी हुई।
यहाँ तक पहुँचते अभी दुनियाँ को देर है।

पाँचक

दीठ बँधी, उजाला हुआ,
सेंधों का ढेला, शकरपाला हुआ ॥1॥
अपनी राह लगे, नेता काम आया,
हाथ मुहर है, मगर छदाम आया ॥2॥
आदमी हमारा तभी हारा है,
दूसरे के हाथ जब उतारा है ॥3॥
राह का लगान ग़ैर ने दिया,
यानी रास्ता हमारा बन्द किया ॥4॥
माल हाट में है और भाव नहीं,
जैसे लड़ने को खड़े, दाव नहीं ॥5॥

तारे गिनते रहे

राज-चेतना की राह रोककर
लोग खड़े हुए, कामयाब हुए।
दुश्मनों के पैर न जमने दिये।
आपस में मिले रहे, जबाँदराज़ी न की।
लोक की, समाज की लाज रखी,
बढ़े चले।

राज में बेकारों की आख़िरी साँसें रहीं।
ज़मींदार चाँद-जैसे कर के लिए लगे रहे
देश के आकाश पर,
कपड़े की ज़मीं पर।
दूसरे प्रकाश के लिए जैसे चोला पाया।
मेह जैसे तने रहे,
टपके भी, बरसे भी।

बालों के नीचे पड़ी जनता बलतोड़ हुई।
माल के दलाल ये वैश्य हुए देश के।
सागर भरा हुआ,
लहरों से बहले रहे;

बानिज की राह खोयी।
किरनें समन्दर पर कैसी पड़ती दिखीं!
लहरों के झूले झूले,
कितना विहार किया क़ानूनी पानी पर;
बँधे भी खुले रहे।
रात आकाश के तारे गिनते रहे!

खेल

जेठ की दुपहर, दिवाकर प्रखरतर,
जली है भ्रू, चली है लू भासकर।

राह निर्जन, मन्द चितवन से खड़ा
एक लड़का, बना है छड़ का कड़ा।

उम्र नौ-दस साल की, बस, तोलता
दिल की चढ़कर पकरिये पर बोलता।

तन मोटा था, पड़ा छोटा सुकर,
बाँह से भरकर चढ़ा, आया उतर।

डाल देखी, चढ़ा ऊपर पकड़कर,
दम लिया कुछ देर बैठा अकड़कर।

शाख पर चढ़ता हुआ, ऊपर गया,
नाक बैठाकर निकाला स्वर नया,

"भूत हों जितने जहाँ जमदूत हों,
अब हमारा घर भरें वे खारुओं।'

गर्म पकौड़ी

गर्म पकौड़ी—
ऐ गर्म पकौड़ी!
तेल की भुनी,
नमक-मिर्च की मिली,
ऐ गर्म पकौड़ी!
मेरी जीभ जल गयी,
सिसकियाँ निकल रहीं,
लार की बूँदें कितनी टपकीं,
पर दाढ़ तले तुझे दबा ही रक्खा मैंने
कंजूस ने ज्यों कौड़ी।
पहले तूने मुझको खींचा
दिल लेकर फिर कपड़े-सा फींचा,
अरी, तेरे लिए छोड़ी
बम्हन की पकायी
मैंने घी की कचौड़ी।

प्रेम-संगीत

बम्हन का लड़का
मैं उसको प्यार करता हूँ।
जात की कहारिन वह,
मेरे घर की है पनहारिन वह,
आती है होते तड़का,
उसक पीछे मैं मरता हूँ।
कोयल-सी काली, अरे,
चाल नहीं उसकी मतवाली,
ब्याह नहीं हुआ, तभी भड़का
दिल मेरा, मैं आहें भरतर हूँ।
रोज़ आकर जगाती है, सबको,
मैं ही समझता हूँ इस ढब को,
ले जाती है मटका बड़का,
मैं देख-देखकर धीरज धरता हूँ।

स्फटिक-शिला

स्फटिक-शिला जाना था।
रामलाल से कहा।
उमड़ पड़े रामलाल।
बोले, "कुछ रुकिए, फ़िलहाल
गाड़ी तैयार नहीं;
यार, कहीं
ठोकर खा जाइएगा।
कौन कहे, सही हाथ-पैर लौट आइएगा।
कई नाले पड़ते हैं।
चढ़ते हैं, उतरते हैं।
नौजवाँ, देहाती, पहलवाँ
थकते हैं;
तन्दुरुस्त छकते हैं।
गाड़ी से चलेंगे।
दर्द कहीं बढ़ा तो मलेंगे
पैर।
आदमी भी साथ हैं।" "खैर",

मैंने कहा, "चलने की कही,
और देखे हैं पैर।
अपना भी होगा यों ग़ैर?"
गाड़ी आयी,
ख़य्याम की जैसी हो रुबाई।
आधी रात को चढ़े
चित्रकूट को बढ़े।
मिला क़िला पेशवों का करवी में
लिखा हुआ जैसे कुछ अरबी में
रात को ऐसा दिखा
किस्मत में जैसे कुछ हो लिखा।
पयस्विनी नदी पड़ी
जैसे लाज से गड़ी।
पानी थोड़ा-थोड़ा-सा।
गड़ा जैसे रोड़ा-सा
मेरे मन में। पूछा
रामलाल से, "जो कुछ भी दिखता है, छूँछा,
ऐसा ही भरा है?"
"जीता है कौन, कौन मरा है,
मुझको मालूम नहीं,
लेकिन यह है सही—
स्फटिक-शिला में नदी
बहुत काफ़ी गहरी है
और बहुत चौड़ी भी
हालाँकि जगह वह यहाँ से बहुत ऊँची है,
मगर वहाँ रहते हैं,"—
रामलाल ने कहा। (ऐसा ही कहते हैं।)
बैल दो थे, साँवलिया
और धौला। धौला गरियार था।
बायें जुता। अक्सर चलती-चलती

गाड़ी मुड़ जाती थी बुरी तरह बायें को।
पूँछ ऐंठकर धौले को फिर-फिर दायें को
हाँकता था रामलाल का भाई
ता-ता-ता-ता करता। शहनाई
सुनकर मैं हँसता था।
ढाल से उतरकर वह बैल वहाँ धँसता था
इसी समय दलदल में
बायें मुड़ा।
पानी की कलकल में
रामलाल डूबे हुए।
यानी बहुत ऊबे हुए।
बैल डालकर जुआ
भग खड़ा हुआ।
बच्चे को बड़े आदमी-जैसा
देखता था साँवलिया
जुआ डालकर वहीं खड़ा।
धौले की ओर को चुमकारता बढ़ा
रामलाल का भाई। कड़े हाथ
पकड़ ली धौले की ऐंठी नाथ।
जुए को फिर मोड़कर,
उतरे हुए लोगों की मदद से छोड़कर
राह पर,
बैलों को फिर जोता।
चला धौला अपनी ही पुरानी चाल फिर रोता।
नदी को पार कर
गाड़ी आयी राह पर।
स्यारों की जोड़ी मिली।
कहीं कोई झाड़ी खिली
रही होगी, खुशबू से
जान पड़ा। लोग बैठे जैसे चूसे

दमड़ी के आम हों,
गीले फिर भी, जैसे हों मास सावन या भादों।
राम-राम जपते थे,
काम से यों तपते थे।
मिलीं और गाड़ियाँ
करवी को जाती हुई, छोटी-छोटी झाड़ियाँ।
पौ फटी।
रात कटी।
धूहों से धुएँ के
वहाँ के पहाड़ दिखे।
रामलाल ने कहा,
"भरतकूप वह, अहा।
गुप्त गोदावरी वहाँ, उस पहाड़ के उधर,
वह देखो, श्रीकामदगिरि सुन्दर;
सावन में जब देखा
मोरों की बादलों से और नीली रही रेखा,
हरे उस पहाड़ पर।
पयस्विनी अरररर
बहती चली जाती है,
त्रेता की बात जैसे कहती चली जाती है।
बड़े-बड़े हरे पेड़
करते हैं जैसे छेड़
पावस-समीर से
लहराते धीर जैसे।
वह है हनुमद्धारा, पञ्चकोसी का पहाड़,
वह वहाँ है देवांगणा, यहाँ से पड़ती है आड़
स्फटिक-शिला को, आश्रम
अत्रि-अनसूया का और भी है मनोरम।
स्वच्छ मन्दाकिनी नदी झरनों से यहीं निकली,
पहाड़ों के बीच पड़ी

बादलों में जैसे बिजली।
फूट रहे हैं सस्वर
नये स्रोत, झरने नये, गिरियों को फोड़कर।"
आगे बढ़े।
फले आम बड़े-बड़े झुके हुए देख पड़े
गौदों में या इकले।
आदमी वहाँ से कुछ चले हुए आ निकले।
गाड़ियाँ भी जाती थीं,
बैठी हुई देवियों इठलाती थीं।
सीतापुर पास आया।
एक जगह पेड़ की आ पड़ी घनी-घनी छाया।
अक्कासी आती हुई देखकर
रामलाल बोले एक डण्डे से टेककर,
"सर को झुका लीजिएगा,
ज़रा ध्यान दीजिएगा,
जगह ऊँची-ख़ाली है,
कुछ आगे नाली है।"
सीतापुर पारकर पयस्विनी फिर उतरी
गाड़ी पकड़े गली
नये गाँव को चली।
ऊँचा चढ़ती हुई, कहीं पर अड़ती हुई,
हवेली की बग़ल से
आगे बढ़ी गाड़ी वह। लिये हुए कुछ फल से
एक दल यात्रियों का जाता हुआ देख पड़ा।
छोड़कर उसको आगे बढ़ा फिर हमारा लढ़ा।
राह के किनारे खुदरो दरख़्त से बँधा हुआ
कच्चा चबूतरा मिला,
कुछ राह घेरे हुए। पत्थर एक रक्खा था
महादेव की जगह पर। भाव मगर पक्का था।—
दख़ल जैसे जमाना चाहता था कोई अपना,

सत्य को जो बनाये हुए था वहाँ कल्पना,
बायें कुछ ही दूरी पर थी छोटी एक कुटिया,
छोटा-सा बबूल वह उसकी थी लकुटिया।
धौले ने न जाने कैसे यहाँ ऐसा मारा ज़ोर,
दायें गयी गाड़ी, बायें मुड़ी जैसे, एक कोर
कटी चबूतरे की कि कुटिया से निकली
काली एक नारी गाली देती, खाती ढिकली
देखकर चबूतरा।
जैसे कोई अप्सरा
नाचने लगी हो गलियों से भाव बतलाकर
दोनों हाथ फैलाकर।
मैंने देखा, बड़ा मैला
मन उसका समाज से,
चोट खायी हुई वह रामजी के राज से,
शूद्रों को मिला नहीं
जिनसे कुछ भी कहीं।
ढाढस बँधाया मैंने मीठे-मीठे शब्द कहकर,
देखती रही वह आँसुओं की आँखों रह-रहकर।
कुछ दूर बढ़े और रुकने का ठौर था,
गाड़ी खड़ी हुई, अन्त जहाँ, एक पौर था।
द्वार पर चलकर
रामलाल ने पुकारा। तरुणी ने निकलकर
गाड़ी देखी। बँधी हुई गाय के छू लिये खुर
देखा फिर स्नेहभरी चितवन से जैसे सुर-
वधू हो। फिर चली गयी भीतर को धीरे से,
भेजा लड़की को, बोल बोली जो हीरे-जैसे—
"चालपाई दाली है,
बैथ जाव, काली है।"
बैठे कुछ देर हम लड़की व' एकटक
देखती रही हमको छोड़कर बकझक।

बैलों को बाँधकर चारापानी करके
स्फटिक-शिला को कुछ तेज़ चाल हम चले
नये गाँव की तरफ़ से। देखा वह प्रमोद-वन
दूसरे किनारे से। हनुमद्धारा को देखकर
खिल गया हमारा मन।
वन था पहाड़ पर,
कहा कि दहाड़कर
शेर जब टूटता है,
तब काँप उठता है
जंगल, वे सभी पेड़
जैसे काँपते हों भेड़।
यह बघेलखण्ड है,
बड़ा ही प्रचण्ड है,
बाघ यहाँ का। कहा,
आगे वह जानकी ही कुण्ड अब दिख रहा।
हमने नदी पार की,
एक पनचक्की मिली।
अर्जुन के बड़े-बड़े
पेड़ खड़े थे अकड़े।
बन्दर वहाँ के सब
जैसे बिना-कलरव
कोई हो गृहवास
निष्प्रभ तथा उदास।
घने पेड़, छाया-तल।
स्वच्छ और शीतल जल।
यह है जानकीकुण्ड।
मछलियों के झुण्ड-झुण्ड।
कोई नहीं मारता है।
चारा खिला-खिलाकर सिधारता है।
बड़ी-बड़ी शिलाओं से टकराता हुआ जल

करता है अविराम कलकल-कलकल।
किनारे-किनारे बने साधुओं के वरवास
जो कि हैं अनन्य-दास
सीता-रामचन्द्र के
रहते अतन्द्र-से।
रम्य यह स्थल देखते हुए किनारे से
चले हम हारे जैसे
ऊपर-ऊपर। एक अच्छा आम का बग़ीचा मिला,
छोटे-छोटे जंगली पेड़ों से वन वह रहा खिला।
वहाँ रामलाल ने दिखाया फिर पहाड़ वह
जहाँ बैठा था जयन्त दबा। "काढ़कर वह
कौन तीर मारा राम ने जो पहुँचा वहाँ?
मुझे झूठ जान पड़ता है, कहता यहाँ।
साधुओं से डर के मारे मैंने नहीं पूछा।
मुझे जान पड़ता है भरा हुआ सब छूँछा।"
रामलाल ने कहा।
मैंने रामलाल को जवाब छोटा-सा दिया।
"होगा जैसा भी किया,"
देखने लगा मैं कहकर उस वन को।
भूल जाता है मन को
देखता हुआ पथिक।
चित्त हुआ समाहित।
ऊँची-नीची गलियों की झाड़ियों में लगा तिन—
सूखा मटमैला दाग।—बाढ़ के याद आये दिन।
साँप बड़े ज़हरीले; टीलों पर रहते हैं,
बिच्छू, लकड़बग्घे, रीछ, चीते, यहाँ कहते हैं;
पेड़ों पर बिचखोपड़।
चिरौंजी, बहेड़ा, हड़
और पेड़, बड़े-बड़े
जंगल-के-जंगल खड़े।

बड़े बाघ और दूर रहते हैं,
पानी पीने रात को आते हैं, लोग कहते हैं,
या शिकार के लिए,
या कि भूले-भटके।
चले कुछ और हम,
मन्दाकिनी देख पड़ी भरी हुई मनोरम।
सचमुच ही यहाँ पानी नीचे से बहुत भरा,
देखकर जी हुआ हरा।
जैसे एक झील हो,
काला-काला स्वच्छ जल बहता सलील हो।
सघन द्रुमों की छाँह
शाखों से बढ़ाये बाँह।
पानी के बीच उठे पत्थरों पर उगी झाड़ियाँ,
बैठी हुई सारस ही की जातिवाली चिड़ियाँ।
ऊँची-ऊँची उधर हैं पहाड़ियाँ।
किनारे पर वैसे ही आवास और गुफाएँ बनीं,
एक झाड़ी देखी घनी।
यात्री नहाते हुए।
इक्के-दुक्के लोग वहाँ आते और जाते हुए।
एक बाबा ने कहा, "भौंरादहार है,
आराम यहाँ कीजिएगा?"
खड़ा हुआ स्फटिक-शिला मैं देखता ही रहा।
आँख पड़ी युवती पर
आयी थी जो नहाकर,
गीली धोती सटी हुई भरी देह में, सुघर
उठे पुष्ट स्तन, दुष्ट मन को मरोड़कर,
आयत दृगों का मुख खुला हुआ छोड़कर।
बदन कहीं से नहीं काँपता।
कुछ भी संकोच नहीं ढाँपता।
वर्तुल उठे हुए उरोजों पर अड़ी थी निगाह

चोंच जैसे जयन्त की, नहीं जैसे कोई चाह
देखने की मुझे और,
कैसे भरे दिव्य स्तन, हैं ये कितने कठोर।
मेरा तन काँप उठा, याद आयीं जानकी।
कहा, तुम राम की,
कैसे दिये हैं दर्शन!

कुत्ता भौंकने लगा

आज ठण्ढक अधिक है।
बाहर ओले पड़ चुके हैं,
एक हफ्ते पहले पाला पड़ा था—
अरहर कुल-की-कुल मर चुकी थी,
हवा हाड़ तक बेध जाती है,
गेहूँ के पेड़ ऐंठे खड़े हैं,
खेतिहरों में जान नहीं,
मन मारे दरवाज़े कौड़े ताप रहे हैं
एक दूसरे से गिरे गले बातें करते हुए,
कुहरा छाया हुआ।
ऊपर से हवाबाज़ उड़ गया।
ज़मींदार का सिपाही लट्ठ कन्धे पर डाले
आया और लोगों की ओर देखकर कहा,
"डेरे पर थानेदार आये हैं;
डिप्टी साहब ने चन्दा लगाया है,
एक हफ्ते के अन्दर देना है।
चलो बात दे आओ।"

कौड़े से कुछ हटकर
लोगों के साथ कुत्ता खेतिहर का बैठा था,
चलते सिपाही को देखकर खड़ा हुआ,
और भौंकने लगा,
करुणा से बन्धु खेतिहर को देख-देखकर।

झींगुर डटकर बोला

गान्धीवादी आये,
कांग्रेसमैन टेढ़े के;
देर तक, गान्धीवाद क्या है, समझाते रहे
देश की भक्ति से
निर्विरोध शक्ति से,
राज अपना होगा;
ज़मींदार, साहूकार अपने कहलायेंगे
शासन की सत्ता हिल जायगी;

हिन्दू और मुसलमान,
वैर-भाव भूलकर जल्द गले लगेंगे,
जितने उत्पात हैं,
नौकरों के लिए हुए;
जब तक इनका कोई
एक आदमी भी होगा,
चूल नहीं बैठने की।
इस प्रकार जब बघार चलती थी,

जमींदार का गोड़इत
दोनाली लिये हुए
एक खेत फ़ासले से
गोली चलाने लगा।
भीड़ भगने लगी।
कान्स्टेबल खड़ा हुआ ललकारता रहा।
झींगुर ने कहा,
"चूँकि हम किसान-सभा के,
भाईजी के मददगार
ज़मींदार ने गोली चलवायी
पुलिस के हुक्म की तामीली को।
ऐसा यह पेच है।"

देवी सरस्वती

मानव का मन विश्वजलधि,
आत्मा सित शतदल,
विकच दलों पर अधर
सुहाये सुघर चरणतल;
वीणा दो हाथों में,
दो में पुस्तक, नीरज;
जादू के जीवन के
शोभन स्वर, जैसे स्त्रज्।
नील वसन, शुभ्रतर
ज्योति से खिला हुआ तन,
एक तार से मिला
चराचर से शाश्वत मन।
हंस चरणतल तैर रहा है
लघूर्मियों पर,
सुनता हुआ तीव्र-मृदु
झंकृत वीणा के स्वर।
सामगीत गाये आर्यों ने

तुम्हें मानकर,
किया समाहित चित्त
ज्ञान-धन तुम्हें जानकर।
एक तुम्हारी अर्चा
सहज ऋचाओं से की,
चरणों पर पुष्पों की
माला की अञ्जलि दी।
सरल, निरंकुश देवी तुम
आर्यों की, विमले,
कौन विश्व में जो
सकाम जीवन में कम ले?
शुभ्रे, कुल रंगों की,
रागों की, शब्दों की,
नित्यनवीना हो
वन्दित यद्यपि अब्दों की
ऋतु के पुष्प
भिन्न गन्धों से बसा दिये हैं
जग के दुख के मुरझाये मुख
हँसा दिये हैं।
तुम वर्षा हो,
हार बलाकाओं की पाँतें;
वन की शाखा की
पत्रों से टपकी आँखें;
उतराई सरिताएँ;
मोर तटों-पर-नाचे;
गुञ्जित-अलि-कलि-गन्ध छोर
अवनी के आँचे;
झूले हँसी-हिंडोले,
सावन के, भादों के;
बालाओं के स्रोत

बहाये संगीतों के;
घन - मृदंग - वादन
विद्युत के करों निपुणतर;
नृत्य परी का जैसे
अर्जुन के अर्जन पर;
जल-तरंग; खग-कुल-कलरव
बोल के मधुर स्वर;
दृश्यावली सुघर;
दर्शक-दर्शिका मनोहर;
जग के सर से
सरस्वती शत-शत रूपों की
निकली क्षिप्र-मन्द-गति,
रंगों की, भूपों की।
बीजों से जैसे अंकुर,
अंकुर से पल्लव,
पल्लव से शाखा, शाखा से,
द्रुम, द्रुम से नव
पुष्प और फल
ऐसे बढ़े धान खेतों में
जल पर हरे खेत जैसे,
ज्वारी नेतों में।
अरहर, काकुन, सावाँ,
उड़द और कोदों की
खेती लहरायी।
बन आयी है आमों की।
निकले कमल सरों में
और करँबुए लहरे;
आये खग; ऊँचे-ऊँचे
पेड़ों पर ठहरे।
खेत निराती हैं बालाएँ

लिये खुरपियाँ
गाती बारहमासी
सावन और कजलियाँ।
जुही मुस्करायी। नागन
बलखायी आयी
मन्द गन्ध से पुरवाई
डस गयी सुहायी
शरत् पंकजों से,
खञ्जन-नयनों से प्रेक्षण,
हरसिंगार के हार
विश्व के द्वार प्रतीक्षण,
नमित शालि से भरी हुई,
सुन्दर - वन - वसना,
श्वेत - शशि - मुखी,
जगती पर मधुराधर-हसना।
कृषकों की आशा से,
श्रम से जीवन-सम्बल,
धन से, धारा से, धान्य से,
धरा का कृषि-फल।
सिमटा पानी खेतों का;
ओठ पर चले हल;
पाँसे खेत, किये जो गये
जोतकर मखमल।
डाले बीज चने के, जौ के
और मटर के,
गेहूँ के, अलसी-राई-
सरसों के, कर से।
ऐसे ब्राह-बाह की वीणा
बजी सुहायी,
पौधों की रागिनी सजीव

सजी सुखदाई।
सुख के आँसू दुखी
किसानों की जाया के
भर आये आँखों में
खेती की माया से।
हरीभरी खेतों की
सरस्वती लहरायी,
मग्न किसानों के घर
उन्मद बजी बधाई।
खुली चाँदनी में डफ
और मजीरे लेकर
बैठे गोल बाँधकर
लोग बिछे खेसों पर,
गाने लगे भजन कबीर के,
तुलसिदास के,
धनुषभंग के, और राम के
बनोबास के।
कतकी में गंगा-नहान की
बढ़ी उमंगें
सजीं गाड़ियाँ, चले लोग,
मन चढ़ती चंगें
मेले में, खेती के
कुछ सामान ख़रीदे,
देखे हाथी-घोड़े-रब्बे,
लौटे सीधे।
कुन्दों के विकास के
शुभ्र हास पर उतरीं
ओस बिन्दुओं से शीतल
हेमन्त की परी,
भू की तुम्हीं हरित नभ पर

हो श्वेत मञ्जरी,
मन्द - गन्ध - सञ्चरिता,
शीता, ऋता, किन्नरी।
बाग़ बाग़, वन-वन, रन की
सुगन्ध-मद पीकर
झूम रही हो हिम-शीकर
पल्लव-पल्लव पर
स्निग्ध पवन में;
शस्य-शीर्ष से उठी हुई तुम
मटर-पुष्प के सौरभ-धन से,
लुटी हुई तुम,
सरसों के पीले पुष्पों की
साड़ी पहने,
अलसी के नीले फूलों की
रेखा जिसमें।
प्रखर शीत के शर से
जग को बेधा तुमने,
हरीतिमा के पत्र-पत्र को
छेदा तुमने।
शीर्ण हुईं सरिताएँ;
साधारण जन ठिठुरे;
रहे घरों में जैसे हों,
बाग़ों में गिठुरे।
छिना हुआ धन, जिससे
आधे नहीं वसन तन,
आग तापकर
पार कर रहे हैं गृह-जीवन।
उनको दिखा रही हो,
तारे टूट रहे हैं।
पत्तों के, डाल के

सहारे छूट रहे हैं।
जीवन फिर दूसरा
उन्हें पल्लवित करेगा,
किसी अस्त्र से
अन्न-वस्त्र के दु:ख हरेगा।
ज़मींदार की बनी,
महाजन धनी हुए हैं,
जग के मूर्त पिशाच
धूर्तगण ग़नी हुए हैं।
विश्वरूपिणी तुम हो,
तुम्हें मूर्ति में रचकर
पूजा की वसन्त के दिन
दीनता - विकच - कर,
गीत और वाद्य से
बड़ी सामाजिकता की,
फूलों की अञ्जलि दी,
गंगा की सिकता की
वेदी रची; मन्त्र पढ़कर
घृत-यव लेकर कर
किया स्वस्त्ययन, हवन,
विसर्जन अन्तिम सुन्दर।
नव पल्लवित वसन्त
धरा पर आया सुखकर।
फूटीतुमनव-किसलय-दलसे
वृन्त-वृन्त पर।
कूजित पिक-उर-मधुर कण्ठ;
कुण्ठा सब टूटी;
मुक्त समीरण से धीरता
धरा की छुटी।
पके खेत, सोने के

जैसे अञ्चल लहरे,
नव मनोज के मनोभाव
लोगों में घहरे।
प्रतिसन्ध्या समवेत हुए
ग्रामीण सभ्यजन
ढोलक और मजीरे पर
करते हैं गायन;
फाग हो रहा, उठा रहे हैं
धुन धमार की,
होली, चैती, लेज,
गा रहे हैं सवाँर की।
बौरे आमों की सुगन्ध
धरती पर छायी,
नये वर्ष का हर्ष भरा,
चाँदनी सुहायी।
रबी कटी आम के तले
खलिहान लगाया,
चना, मटर, जौ, गेहूँ सरसों
कटकर आया।
पड़ी चारपाई, जिस पर
बैठा तकवाहा
चूल्हा वहीं कहीं लगवाया
जिसने चाहा
ज़रा दूर मेड़ के किनारे,
जैसे बस्ती
बसी, लगे खलिहान,
सुवेशा जैसे मस्ती।
ग्रीष्म तापमय, लू की
लपटों की दोपहरी
झुलसाती किरणों की,

वर्षों की आ ठहरी,
तुम हो शीतल कूप-सलिल,
जामुन - छाया - तल,
लदे आम के बाग़ों से
जीवन का सम्बल।
गेहूँ, चने, मटर, मड़कर
घर आये। अतिशय
दिखा ग्राम में जहाँ नहीं
साधन या सञ्चय;
नहीं दीक्षा जन-समाज की,
नहीं प्रीतिकर
शासन, समाराधना
वहीं और भी दुस्तर।
शहरों की बिजली से
झुलसी जनता की रट,
उठते क़दमों की,
भगती तेज़ी से सरपट,
रुद्र ताल की, भैरव जैसी,
रण की छाया,
नाच रही हो भिन्न जगत् की
जैसे काया।
हर चक्र के विवर्तन से
वर्ष का जन्म कल
उगा रहा है गति के
क्रम-उपक्रम का शतदल;
ऊपर तुम नीलाम्बर-
आभा में सित तन्वी
सायक चढ़ी हुई हो
जनता का जी धन्वी।
वाल्मीकि का क्रौञ्च-मिथुन;

व्यास का जन्म-फल;
कालिदास की दशा;
हर्ष का मर्षण उत्कल;
नवालोक मञ्जुलतर;
बकुलों से जैसे तुम
टूटीं शब्द-शब्द पर
छन्द-छन्द पर, कुंकुम
उड़ते हैं पराग,
झंकारी अन्तस्तल से,
जीवन की वीणा के
तारों के मंगल से।
राग-रंग की रामायण
दुख की गाथा से
पूरी हुई; सँभाले
जैसे स्वर भाषा के
अधिक मनोहर, वीरजाति के
चित्र सुघरतर
बृहद्रूप से खिले हुए,
मृदु-मृदु वल्कल पर
खिली सभ्यता।
महाभारतीया कुछ बदली,
जैसे भिन्न रूप की,
भिन्न गन्ध की कदली,
सीता और द्रौपदी,
अर्जुन और राम से,
एक और बहु पतियों के
व्रत और काम से।
भारत की प्रान्तीय
सभ्यता का आलेखन,
राजनीति का जीवन,

जगती का सम्मोहन।
श्री-समृद्धि का कालिदास में
अमृतास्वादन,
साहित्यिकता में
धार्मिकता का सम्वादन।
हर्ष प्रौढ़ता की पीढ़ी,
कविकम्बु स्वयम्भू,
रामायण के मौलिक,
प्राकृत - शम्भु - स्वयम्भू—
भिन्न रूप की राम-कथा के
कविर्मनीषी,
श्रीतुलसी तक सहस्राब्दि के
रविर्मनीषी।
उसी छन्द में उसी प्रकार
किया है अन्तर
तुलसिदास ने महाकाव्य
लिखकर मन्वन्तर,
भक्ति-भावना से रचना
आलोक-समन्वित
हुई उसी स्वाधीन
चेतना से उत्कल-चित।
सूरदास के गीत,
रसों के स्रोत निरन्तर,
फूटीं सरिताएँ,
उमड़ा शशधर से सागर।
मीरा की मानसी
गीतिका सहृदयता की
छवि से भरी हुई
निरवधि कलियों की राखी।
ज्ञानालोक विकीर्ण हुआ

कबीर से, निर्झर
फूटे कितने, ज्ञानदास के,
दादू के स्वर।
तुम्हीं चिरन्तन जीवन की
उन्नायक, भविता,
छवि विश्व की मोहिनी,
कवि की सनयन कविता।

तिलांजलि

धूसर सान्ध्य समय विषमय
भरता है क्रन्दन;
अन्तरीक्ष से झरता है
निस्तल अभिनन्दन
नैसर्गिक आत्माओं का
प्रशमित नारी-नर
चले आ रहे हैं
अरथी के साथ मार्ग पर
चरण - मन्द; भाषा के जैसे
अश्रु - भार रथ,
स्रस्त-वेश, दिग्देश-ज्ञान-गत,
शिरश्चरण - शलथ,
मुक्ति - वर्ग नागरिक,
सर्ग देश के भाव के,
मुदे हुए आश्वासन
श्वसन विसर्ग - स्राव के,
हृदयोच्छ्वसित वाष्प से

होकर प्रहत निरन्तर
ऊर्ध्व और अध प्रशमन
और क्षेभ के हैं स्वर।
कांग्रेस के सेनानी—
वीर सेवकों का दल
नारे लगा रहा है
बढ़ता हुआ धैर्य - बल।
घने बरगदों की कतार,
पर - फड़काते खग,
आँख मूद लेने के लिए
विकल सारा जग,
यात्री गंगास्नान के लिए
दूर ज़िले के
निकले हैं मज़दूर
काम से छुटे क़िले के;
सुनकर नेहरू जी के
बहनोई की अरथी,
हाथ मले, आह की
और टकटकी बाँध दी।
पुल के पार रास्ता
बायें कटा दूसरा
स्टेशन से लगकर
गंगा के बाँध को गया;
चले उसी से, फिर
रेते से होकर, तट पर;
रची चिता भव्यतर,
बत्तियाँ जलीं तिमिरहर।
माघ, मकर-संक्रान्ति,
रात्रि का प्रथम पहर जब
सविध कृत्य पूरे करके

लौटे सत्वर सब।
जलती हुई चिता तब भी
उठती लपटों को
और स्पष्टतर करती हुई
रहस्य-तटों को
लहक रही है अपराजेय
वीर को लेकर—
बहुभाषाविद्, गायक, कवि,
तेजस्वी, तत्पर,
भारत का गर्वित उत्तर,
जनता का नेता,
मानवता का शिरोरत्न
बहु-ग्रन्थ-प्रणेता।
आयी याद विजयलक्ष्मी
स्वरूप - जीवन का
नवोन्मेष, बैरिस्टर
आर. एस. पण्डित, जिनका
स्पर्धित जीवन रहा
समर्थित वचन दे दिया
गांधीजी को, (असहयोग में
भाग फिर लिया,)
मोतीलाल राष्ट्रपति,
वह ब्याह से प्रथम ही
देखा जब स्वरूप को
कवि-श्री रवीन्द्र को भी।
वीर जवाहर, टण्डन
और शेरवानी से
एक दर्प जैसे जीवन के
घिरे हुए थे।
वह 'स्वातन्त्र्य-दिवस',

'विजया- लक्ष्मी' -निर्वाचन,
व 'राजर्षि', 'महात्मा' की
उपाधियाँ, वितरण।
कहे कौन, वह सत्य
कहाँ से कहाँ गया, क्या,
और जवाहर का रिश्ता,
दृढ़ कहाँ रहा, क्या?
की प्रदक्षिणा मैंने,
सबसे पीछे चलकर,
नमन किया करबद्ध
राष्ट्र का श्रेष्ठ विजय-वर।

युगावतार परमहंस श्रीरामकृष्णदेव के प्रति

पराधीन भारत की प्रज्ञा
क्षीण हुई जब,
ब्राह्मण, क्षत्रिय, वैश्य, वर्णत्रय
पश्चिम में गत,
जागे पराशक्ति के वैभव
स्वप्रकाश तब,
आरपार के, बिना तार के
नाद अनाहत।
हे समृद्ध, बहुविध साधन से
सिद्ध हुए तुम,
अक्षर विविध रूप के, एक
विन्दु में अवसित;
अनायास हे, स्नेह-पाश से
विद्ध हुए तुम,
अरचित, रुचि की रचनाओं में
हुए समाहित।
अभिनन्दन के नूतन

बन्दनवार बने तुम,
तरुणों के उच्छ्वास करों से
उत्थित होकर,
जैसे बादल में विद्युत्,
व्यञ्जना घने तुम,
खोयी सृष्टि सकल
नव-जल-धारा में रोकर।
फिर नूतन प्रभात में
नूतन कर से आये,
ज्योतिर्मय, फिर हँसकर
दिङ्मण्डल पर छाये।

चौथी जुलाई के प्रति

काले बादल कट गये आकाश से
रात को बाँधे हुए थे जो समाँ—
पृथ्वी पर तानी थी चादर, इस तरह।
आँख खोली, जादू की लकड़ी फिरी।
चिड़ियाँ चहकीं, साथ फूलों के उठे
सर,—सितारे जैसे चमके ताज के—
ओस के मोती लगे, स्वागत किया
क्या तुम्हारा झूमकर झुककर। खुली
और फैली दूर तक झीलें, खुशी
जैसे आँखें कमलों की फाड़े हुए
दर्श करती हैं तुम्हारा हृदय से।
कुल निछावर, ज्योति के जीवन, नया
आज अभिनन्दन तुम्हारा, धन्य है।
आज रवि, स्वाधीनता की फूटी कलि,
राह देखी विश्व ने, कैसे खिली,
देशकालिक खोज की, कैसे मिले;
छोड़ा है घर, मित्र, छोड़ी मित्रता।

खोजा तुमको, आवारा मारा फिरा,
गुज़रा दहशत के समन्दर से, कभी
सघन पहले के गहन वन से, लड़ा
हर क़दम पर प्राणों की बाज़ी लिये।
वक़्त वह, हासिल निकाला काम का,
प्यार का, पूजा का, जीवनदान का;
हाथ उठाया, सँवरकर पूरा किया।
फिर तुम्हीं ने स्वस्ति की बँधी कमर
जनगणों पर मुक्ति की डाली किरण।

देव, चलते ही चलो बेरोकटोक,
विश्व को दुपहर न जब तक घेर ले,
कर तुम्हारा हर ज़मीं जब तक न दे,
स्त्री-पुरुष जब तक न देखें चाव से,—
बेड़ियाँ उनकी कटीं, उल्लास की,
जाँ नयी जब तक न समझें आ गयी।

---

* विवेकानन्द की अंग्रेजी कविता का अनुवाद

काली माता

छिप गये तारे गगन के,
बादलों पर चढ़े बादल,
काँपकर घहरा अँधेरा,
गरजते तूफ़ान में, शत
लक्ष्य पागल प्राण, छूटे
जल्द कारागार से—द्रुम
जड़-समेत उखाड़कर, हर
बला पथ की साफ़ करके।
शोर से आ मिला सागर,
शिखर लहरों के पलटते
उठ रहे हैं कृष्ण नभ को,
स्पर्श करने के लिए द्रुत,
किरण जैसे अमंगल की,
हर तरफ से खोलती है
मृत्युछायाएँ सहस्त्रों
देहवाली घनी काली।
आधि - व्याधि बिखेरती, ऐ,

नाचती पागल हुलसकर
आ, जननि, आ, जननि, आ, आ!
नाम है आतंक तेरा,
मृत्यु तेरे श्वास में है,
चरण उठकर सर्वदा को
विश्व एक मिटा रहा है,
समय तू है, सर्वनाशिनि,
आ, जननि, आ, जननि, आ, आ!
साहसी, जो चाहता है
दु:ख, मिल जाना मरण से,
नाश की गति नाचता है,
तू उसी के पास आयी।

---

* स्वामी विवेकानन्द जी की अंग्रेजी कविता का अनुवाद

छलाँग मारता चला गया

ज़मींदार के सिपाही की
लाठी का गूला, लोहाबँधा,
दरवाज़े गढ़ा कर जाता है।
लोगों के सर
जैसे ढाल देखती आँखों के नीचे गड़े हों।
निगह कभी भले-भले
उठने न देनेवाली।
हाथ-पैर किसी तरह मानकर नहीं चले।
अगर किसी जोत या बाग़ की मेड़ को
छूता भी पेड़ हो,
बढ़ा हो किसान भी अधिकार के लिए
गूला उस पेड़ के
तने पर रखकर वह
डट-डटकर देखता है।
आँखों में उस अवसर पर,
धुन्धी छा जाती है,
आदमी जैसे कमान,

बन जाता है किसान।
सामाजिक और राजनीतिक सहारे कुल
छुटकर भग जाते हैं।
धर्म-कर्म, लोग-जन
जान पर खेलते हैं।
राक्षस विशालकाय
आध्यात्मिक नसों का
खून चूसता हुआ।
पास का मेढ़क थाले के पानी से उठकर
मृत-मूतकर छलाँग मारता चला गया।

डिप्टी साहब आये

बदलू अहिर के दरवाज़े भीड़ है।
गोड़इत कह रहा है,
"ऐसे-वैसे नहीं हैं,
डिप्टी साहब बहादुर तशरीफ ले आये हैं।"
डरकर दबकर बदलू गोड़इत को देखता है।
फिर खँखारकर सारे गाँव को गुँजाता हुआ
गोड़इत कह रहा है,
"अहिर के मूसर, ये दई के दूसर हैं,
इनसे एक घाट में भेड़ और भेड़िये
बिना वैर-भाव के पानी पी रहे हैं।
इनके साथ और अफ़सरान हैं,
जैसे दारोग़ाजी,
बीस सेर दूध दोनों घड़ों में जल्द भर।"
"अरे भाई, सुन तो लो", बदलू कह रहा है,
"हम भी देख रहे हैं, लछमिन का बाग़ है,
ज़मींदार अमले हैं, बनजर कह रहे हैं,
लछमिन को कहते हैं,

दोगली लड़की है,
सारा गाँव जानता है,
रघुवर की कोई नहीं।
इसीलिए आये हैं।
तुम भी कुछ कहोगे?"
"जानता नहीं है बे,"
गोड़इत ने पैर रोपा,
"जमींदार के हैं हम,
मालिक का भला जहाँ वहाँ है हमारा भला।"
जमकर बदलू ने बदमाश को देखा, फिर
उठा क्रोध से भरकर
और एक घूँसा तानकर नाक पर दिया।
गोड़इत प्रेमीजन था,
ज़मीं चूमने लगा।
तब तक बदलू के कुल तरफ़दार आ गये—
मन्नी कुम्हार, कुल्ली तेली, भकुआ चमार,
लुच्छू नाई, बली कहार, कुल टूट पड़े,
कुछ नहीं हुआ, कुछ नहीं हुआ, होने लगा।
बदल गया रावरंग,
सब लोग सत्य कहने के लिए तुल गये।
तब तक सिपाही थानेदार के भेजे हुए
आये और दाम दे-देकर माल ले गये।
सारा गाँव बाग़ की गवाही में बदल गया,
सही-सही बात कही।

वर्षा

घने-घने बादल हैं,
एक ओर गड़गड़ाते;
पुरवाई चलती है;
जुही फूलों से भरी;
दूर तक हरियाली ज्वार की, अरहर की,
सन, मूंग, उड़द और
धानों के हरे खेत;
दूर के पहाड़ों की और घनी नीलिमा;
तालों में करँबुए;
कोकनद खिले हुए;
ढोर चरते हुए;
कहीं हिरनों का झुण्ड;
आम पकते हुए;
बाग़ों में लगी भीड़
मर्दों की, औरतों की,
बच्चों की, बुड्ढों की;
आम बीन-बीनकर

पंजों बाँटते हुए
आमों के हिस्सेदार
गाँव-गाँव के किसान।
खाने को एक-एक हिस्सा लिये हुए
ज़मींदार लोगों से।
नाले बहते हुए,
नदियाँ तराई लिये।
घने कास उगे हुए।
युवक अखाड़ों में और ज़ोर करते हुए।
देश के प्रतीक सभी,
देश की भलाई की बातें सोचकर करते।

कैलाश में शरत्

चले हम घोड़े पर।
संन्यासिश्रेष्ठ श्रीविवेकानन्दजी भी हैं,
श्रीमती श्रीमाताजी और शिष्यशिष्यावग।
साथ श्रेष्ठ राजपुरुष, नागरिक भारत के।
अफ़गानिस्तान की सीमा को पार करके
घोड़ों को छोड़ दिया।
क्योंकि पथ दुर्गम वह, घोड़ों के योग्य नहीं।
चढ़े बड़े बकरों पर।
पथदर्शक साथ हैं, शासक भी वहाँ के।
तातारी वीरों को देखा, मुग्ध हो गये,
वहाँ का इतिहास विश्वविख्यात है,
कुछ दूर आगे चलो, मंगोलिया देश है।
यहाँ बाद को गये।
यहीं के वीर अटीला के घोड़ों की तेज़ टाप
रोम तक बजी थी, नष्ट हो गया था साम्राज्य;
पददलित गान्धार, भारत, पारस्य आदि
सभ्यतम देश सब, वशवेश हुए थे;

यहीं का चंगेज़, यहीं का था तैमूर लंग,
बाबर यहीं का, आविष्कार तोपों का किया।
हवा में स्वभाव ही से वीरदर्प भरा हुआ।
पर्वत के शीश पर ऊँची समतल-भूमि
घोड़ों की टापों से आग उगलती हुई।
अस्तु, हम आगे के लिए सब छोड़कर
कैलाश को मुड़े।
आये उस स्थान पर।
तातारी दर्शक ने केवल 'कैला' कहा।
पर्वतों के ऊँचे कई शृंग एक साथ हैं,
हिमाच्छादित 'कैला' है सबसे विशालकाय।
सबसे ऊँचा उठा, अति-शोभन, मनोरम।
पर्वतों की श्रेणी यह औरों से भिन्न है।
जितने ऊँचे हैं ये, उतने मोटे नहीं।
देखा है एवरेस्ट,
कञ्चनजंघा, गौरीशंकर पर्वत समूह;
आल्प्स, ककेसस, अराल;
किन्तु ऐसा समाँ, ऐसा दृश्य कहीं भी नहीं;
संसृति में मूर्तिमान जैसे समाधि हो;
दुर्गा की रूपरेखा यहीं से ली गयी हो।
मन अपने आप स्थिर होकर मिट जाता है।
जिस स्थल के लिए कहा,
काम नाश पाता है,
जैसे यह वही हो।
पदतल राक्षस-ताल,
महिषासुर का प्रतीक,
आगे मानसरोवर,
इससे मिला हुआ।
चोटियों की बर्फ़ पर
किरनें जब पड़ती हैं,

सप्तवर्णी रश्मियाँ
पड़ती हैं तालों पर;
प्रतिक्षण रेशमी रंग बदलता हुआ,
कभी पीला, कभी नीला,
कभी इन्द्रधनुषी है,
छायापात जैसा हुआ;
जैसे किरीटिनी
प्रकृति क्षण-क्षण बाद
साड़ी बदलती हो;
उसके शरीर के
भीतर हम लोग हों।
गिरि के पदमूल में
कोटि-कोटि फूल खिले;
रश्मि के रंगों के,
मुख्यत: पीत-नील,
अतिशय सौरभ उनमें।
आगे काश्मीर पड़ा,
होकर हम आये थे,
वह बहुत फीका पड़ा।
ऐसा वायुमण्डल संसार में न फिर मिला।
सारे देशों की हम लोगों ने यात्रा की।
किश्तियाँ डाली गयीं,
उन पर चढ़-चढ़कर हम
मानसर पर चले।
सर्वोत्तम स्थान यह।
इन्दीवर करोड़ों,
करोड़ों अन्य कमल, कोकनद, शतदल,
ऐसी सुगन्ध की मदिरा न फिर मिली।
उन्मद विहार किया।
एक ओर सिन्धु, एक ओर ब्रह्मपुत्र का

उद्‌गम सुहावना।
एक नदी और है
यहाँ से निकली हुई।
दिव्यता के भीतर हम
दिव्य बने ही रहे।
सान्ध्य समय पार हुआ,
मनोहर रात आयी।
नाव पर वहीं का
भोजन, जो मेष-मांस,
करके शुचि चन्द्र का
स्वागत करने लगे।
गीत-वाद्य होता रहा।
सब जन प्रसन्न हैं।
ऐसा दृश्य जीवन में
और कभी नहीं दिखा।
शरत्-काल; कमलों पर
आया विरोधाभास,
उतरी है चाँदनी,
मुद चले इन्दीवर,
कोकनद, शतदल;
पर अति-विकसित जो
ज्यों-के-त्यों रह गये।
मदिरा सुगन्ध की
ज्यों-की-त्यों ढलती हुई।
चन्द्र आकाश पर पूरी तरह निकल आया।
स्निग्ध वह चन्द्रिका
उतरी सरोवर पर
स्वर्ग की अप्सरा
स्नान करने के लिए
लोक-लोचनों से परे

जिसकी छवि देखकर
कमल वे मुँद गये।
सब कुछ स्वर्गीय है,
लोग-जन कहा किये।

ख़ून की होली जो खेली*

युवकजनों की है जान;
　　ख़ून की होली जो खेली।
पाया है लोगों में मान,
　　ख़ून की होली जो खेली।
रँग गये जैसे पलाश;
　　कुसुम किंशुक के, सुहाये,
कोकनद के पाये प्राण,
　　ख़ून की होली जो खेली।
निकले क्या कोंपल लाल,
　　फाग को आग लगी है,
फागुन की टेढ़ी, तान,
　　ख़ून की होली जो खेली।
खुल गयी गीतों की रात,
　　किरन उतरी है प्रात की;—
हाथ　　कुसुम-वरदान,

---

* '46 के विद्यार्थियों के देशप्रेम के सम्मान में।

ख़ून की होली जो खेली।
आयी सुवेश बहार,
आम-लीची की मञ्जरी;
कटहल की अरघान,
ख़ून की होली जो खेली।
विकच हुए कचनार;
हार पड़े अमलतास के;
पाटल—होंठों मुसकान,
ख़ून की होली जो खेली।

महगू महँगा रहा

आजकल पण्डितजी देश में बिराजते हैं।
माताजी को स्वीटज़रलैंड के अस्पताल,
तपेदिक के इलाज के लिए छोड़ा है।
बड़े भारी नेता हैं।
कुइरीपुर गाँव में व्याख्यान देने को
आये हैं मोटर पर
लण्डन के ग्रेज्युएट,
एम.ए. और बैरिस्टर,
बड़े बाप के बेटे,
बीसियों भी पर्तों के अन्दर, खुले हुए।
एक-एक पर्त बड़े-बड़े विलायती लोग।
देश की भी बड़ी-बड़ी थातियाँ लिये हुए।
राजों के बाजू पकड़, बाप की वकालत से;
कुर्सी रखनेवाले अनुल्लंघ्य विद्या से
देशी जनों के बीच;
लेंड़ी ज़मींदारों को आँखों तले रक्खे हुए;
मिलों के मुनाफ़े खानेवालों के अभिन्न मित्र;

देश के किसानों, मज़दूरों के भी अपने सगे
विलायती राष्ट्र से समझौते के लिए।
गले का चढ़ाव बोर्झुआज़ी का नहीं गया।
धाक, रूस के बल से ढीली भी, जमी हुई;
आँख पर वही पानी;
स्वर पर वही सँवार।
गाँव के अधिक जन कुली या किसान हैं;
कुछ पुराने परजे जैसे धोबी, तेली, बढ़ई,
नाई, लोहार, बारी, तरकिहार, चुड़िहार,
बेहना, कुम्हार, डोम, कुइरी, पासी, चमार,
गंगापुत्र, पुरोहित, महाबाह्मण, चौकीदार;
कामकाज, दीवाली-जैसे परबों के दिन
मनों ले जानेवाले पिछली परिपाटी से;
हुए, मरे, ब्याह में दीवाला लाते हुए,
ज़मींदार के वाहन।
बाक़ी परदेश में कौड़ियों के नौकर हैं
महाजनों के दबैल,
स्वत्व बेचकर विदेशी माल बेचनेवाले;
शहरों के सभासद।
ऐसे ही प्रकार के प्राकार से घिरे
लोगों में भाषण है।
जब भी अफ़ीम, भाँग, गाँजा, चरस, चण्डू, चाय,
देशी और विलायती तरह-तरह की शराब
चलती है मुल्क में,
फिर भी आज़ादी की हाँक का नशा बड़ा;
लोगों पर चढ़ता है।
विपत्तियाँ कई हैं घूस और डण्डे की;
उनसे बचने के लिए
रास्ता निकाला है, सभाओं में आते हैं
गाँवों के लोग कुल।

एक-एक आ गये।
पण्डितजी कांग्रेस के चुनाव पर बोले :
आज़ादी लेते हैं, एक साल और है;
आततायियों से देश पिस-पिसकर मिट गया;
हमको बढ़ जाना है;
चैन नहीं लेना है जब तक विजयी न हों।
जनता मन्त्रमुग्ध हुई।
ज़मींदार भी बोले जेल हो-आनेवाले,
कांग्रेस उम्मीदवार। सभा विसर्जित हुई।
महगू सुनता रहा।
कम्पू को लादता है लकड़ी, कोयला, चपड़ा।
लुकुआ ने महगू से पूछा, "क्यों हो महगू, कुछ
अपनी तो राय दो?
आजकल, कहते हैं, ये भी अपने नहीं?"
"महगू ने कहा, हाँ, कम्पू में किरिया के
गोली जो लगी थी,
उसका कारण पण्डितजी का शागिर्द है;
रामदास को कांग्रेस मैन बनानेवाला,
जो मिल का मालिक है।
यहाँ भी वह ज़मींदार, बाजू से लगा ही है।
कहते हैं, इनके रुपये से ये चलते हैं,
कभी-कभी लाखों पर हाथ साफ़ करते हैं।"
लुकुआ घबरा गया। "भला फिर हम कहाँ जायँ?"
महगू ने प्रश्न किया।
महगू ने कहा, "एक उड़ी खबर सुनी है,
हमारे अपने हैं यहाँ बहुत छिपे हुए लोग,
मगर चूँकि अभी ढीला-पोली है देश में,
अखबार व्यापारियों ही की सम्पत्ति हैं,
राजनीति कड़ी से भी कड़ी चल रही है,
वे सब जन मौन हैं इन्हें देखते हुए;

जब ये कुछ उठेंगे,
और बड़े त्याग के निमित्त कमर बाँधेंगे,
आयेंगे वे जन भी देश के धरातल पर,
अभी अख़बार उनके नाम नहीं छापते।
ऐसा ही पहरा है।"
"तो फिर कैसा होगा?" लुकुआ ने प्रश्न किया।
"जैसा तू लुकुआ है, वैसा ही होना है,
बड़े-बड़े आदमी धन-मान छोड़ेंगे,
तभी देश मुक्त है,
कवि जी ने पढ़ा था, जब तुम बदले नहीं;
अपने मन में कहा मैंने, मैं महगू हूँ,
पैरों की धरती आकाश को भी चली जाय,
मैं कभी न बदलूँगा, इतना महँगा हूँगा।"